MW01172352

Dueña de sentimientos

Lety Bazán

Ediciones
MONARCA

Dueña de sentimientos

Lety Bazán

Dueña de sentimientos

© D. R. 2021, Lety Bazán.

© D. R. 2021, Ediciones Monarca.

219 Crosswind Way

Brownsville, Texas. USA. 78526.

Primera edición: Ediciones Monarca, 2021.

ISBN-13: 979-8757950808

Ninguna parte de esta publicación, incluido el diseño de cubierta, puede ser reproducida, almacenada o transmitida de manera alguna ni por ningún medio, sin permiso previo de la editorial.

Introducción

El amor es poco previsible, en ocasiones tan confuso que hace que la incertidumbre forme parte de él, como cualquier otra experiencia.

Es por eso que, en ocasiones, la escritora de estos poemas nos va mostrando sus esquemas mentales que nos sorprenden por su veracidad y naturalidad con las letras, mismas que van formando versos de amor, desamor y aventura y que, al leerlos, nos adentran en algo personal que no podemos dejar de leer.

Letras que transmiten que en toda relación se corre el riesgo de ganar o perder por narrar experiencias peligrosas y atractivas, pero que no dejan de ser sensorialmente encantadoras. Reconozco que sus poemas son historias que se enlazan de tal manera que, al leerlos, son voces lo que verdaderamente escucho.

Gracias, amigos lectores. Estoy segura de que van a tener la inquietud de leer todos los poemas y se van a identificar con ellos. Gracias, Lety Bazán, por aceptar que se publicaran.

Irasema Gárate

Mis amigos

Mis amigos son tesoro
que aquilato con amor,
mis fieles acompañantes
en cada paso que doy.

Mis amigos van conmigo
a dondequiera que voy,
andamos nuestros caminos
de dicha y también dolor.

Ellos que siempre están
en mis tiempos de felicidad
son los que me acompañan
en mis brechas de fatalidad.

Mis amigos son unos locos divertidos
que siguen a esta loca
a dondequiera que está.

Mis amigos en momentos

de grave enfermedad
estuvieron a mi lado,
orando por mi salud
con amor y con lealtad.

Mi Dios me regaló
este amor tan único y encantador,
el de la amistad,
de los mejores regalos que conservo
con dicha y felicidad.

Corazón

Toma mi corazón,
es tuyo, te lo regalo,
cuídalo, por favor,
es muy sensible y enamorado.

Si no lo vas a querer,
deja que siga buscando;
llegará alguien que sí quiera
tenerlo a su lado.

Claro que a este corazón
le apetece ser tu aliado,
acá entre nos me dijo
que está de ti ilusionado.

Si se llegan a empatar
mi corazón y el tuyo,
harían del amor algo genial
que, como ellos, ninguno.

Toma mi corazón,

júntalo con el tuyo,

hagamos de ellos una canción,

un amor eterno, un por siempre tuyo,

un amor sin fecha,

sin código y sin fronteras.

Vuela alto, mi querida amiga Eli

Hoy has terminado
tu estancia en la tierra,
hoy has volado
al cielo, hermosa guerrera.

Dejas con tu partida
un vacío y un intenso dolor.
Nadie como tú para gozar la vida
y para rodear a tus seres queridos
con todo tu amor.
Siempre alegre, divertida,
un ser ejemplar,
nos compenetraste
con tu hermosa forma de amar
y de tu estilo inigualable de vivir y disfrutar.

Los amores que se te adelantaron
seguro te recibieron
con fanfarrias y alegrías
y, con amor, te acogieron.

Aquí estamos recordando
tus reuniones únicas
con tu grata compañía
y sabiendo que algún día
volveremos a reunirnos
cuando Dios nos lo permita
para no separarnos jamás.

Hasta siempre,
mi querida Eli.
Te quiero y te llevo por siempre.
en mi mente y en mi corazón.
Descansa en paz.

Loco, necio, desvelado, tercamente enamorado

Este corazón mío
que me asalta en la madrugada
y me despierta sin ningún decoro,
valiéndole si estoy cansada.

Este loco enamorado
que me invita a escribir
valiéndole si me quiero dormir.

Este corazón insensato
necio, trasnochado,
este que late aceleradamente
y se adueña de mi entorno.

Este por quien existo
y sigue enamorado,
que la cosa más simple y sencilla
me la arropa, ilusionado.

Este corazón desvelado,

tan necio y tan aventurero,

que le viene valiendo

que mi cuerpo esté fatigado.

Pero este mi corazón

me hace la noche y el día.

Qué bueno que así me tocó

porque, así como me hace llorar,

infinidad de veces me ha hecho de la vida disfrutar,

y sentirme encantadoramente amada,

disfrutada y gozada.

Viendo la luna

Qué linda está la luna
que invita al romanticismo,
que salen letras hermosas
para recordarte a ti mismo.

Qué bella está la luna
que me viene a la mente,
que tú y yo nos unimos
a distancia, perenemente.

Que llegan esas vivencias
que se quedaron tatuadas,
esas lindas experiencias
que están por siempre selladas.

Que la luna es tan bella,
cómplice de aventuras,
que en cada estrella
surgen hermosas locuras.

Tú y yo lo vivimos

y, aunque ya no estamos juntos,

a distancia seguimos

con el mismo sentimiento

de pensarnos, extrañándonos,

de tenernos sin tenernos,

de seguirnos amando

por siempre, amor mío.

Amor libre

Yo no quiero
que te esclavices a mi lado,
ni quiero subirme a tu camino,
no pretendo sentirte enrolado,
que tus pasos vayan
adonde vaya mi sino.
Yo quiero que seamos
compañeros de vida,
tú en tu casa y yo en la mía,
disfrutando nuestros tiempos compartidos
con el toque más preciado de la alegría,
que no nos hagamos dependientes,
ni nos demandemos estancias forzosamente
con celos y exigencias al por mayor.
Que, así como estamos,
haciéndonos compañía,
disfrutemos de nuestros tiempos
con toque de locura compartida.
Que salgamos a carretera
y vayamos cantando,

deteniéndonos donde se nos antoje,

que nos riamos y bailemos

y nos metamos al río.

Y que al final del día

lleguemos a nuestras casas,

contentos, satisfechos,

a dormir plácidamente

de haber vivido el día.

Yo te quiero libre

y me quiero libre.

¿Entonces?

Juntos en libertad.

¿Qué dices??

¿Vas o no vas??

¡Sí! Vamos adelante, mi vida,

que lo que nos queda de tiempo

sea para disfrutar.

Te acordarás un día

Te acordarás un día
de aquel inmenso amor,
de aquella alegría,
de aquel buen corazón.
Te acordarás un día de aquellas noches tibias,
de que entre las sabanas
brotaba la alegría,
surgía la pasión.
Te acordarás también
del camino recorrido,
de que entre los suspiros
gozábamos el trino
del pájaro cantor.
Te acordarás un día
y bien que te acordarás
cuando la lluvia caía,
cuando nuestros cuerpos se unían
y entrelazábamos las almas
en pos de la libertad.
Y era nuestra libertad

la que al mundo pregonábamos,

que era la felicidad

y que orgullosos estábamos

de sentirla intensamente,

de saciar nuestra sequía

en un bello manantial.

Y qué difíciles días

en el que la enfermedad

surgía tan de repente

y en el que el otro sufría

llorando intensamente

al ver en el amado el dolor

y entonces, eso nos unía

y era lo que engrandecía

aquel inmenso amor.

Cómo no recordar

tantos años compartidos,

tantos motivos vividos,

tantas luchas por avanzar.

Y entonces recordarás

que se quedó en lo existido,

aquellos años vividos,

aquella forma de amar.

Mi amante

Te llevo conmigo
en mi diario andar,
cerca no te tengo,
pero siempre
en mi alma estás.

Y qué más da
que estés tan lejos
si estás más cerca
que mi propio yo.

Que los recuerdos
son el vaivén
de aquellos ayeres
que aún están.

Y eso es felicidad,
platicar contigo
en cualquier lugar,
a la hora que sea,

no importa el tiempo,
eso es el amar.

Que no necesito
verte ni tenerte,
ni me desvelo
por extrañarte.

Siempre en unión
de corazón a corazón,
somos esa canción
que nos invita
a bailar al mismo son.

Que no necesito verte,
con tenerte en mi mente
y en mi corazón latiente.

Eres, fuiste y serás
por siempre mi tierno amante.

Te quiero

Te quiero porque te quiero sin razones ni motivos.

Te quiero porque mi corazón te escogió

y porque mi alma te adoptó.

Te quiero sin causa alguna

porque en el arte del amar, no se escoge,

simplemente se da.

Y eso que nace, que crece y que permanece

es porque se dio, sin razón y sin motivo,

donde el reloj no tiene tiempo,

donde el día no termina,

donde la noche se alarga,

donde solo existes tú,

donde contigo estoy yo.

Con el debido respeto

Con el debido respeto, mi estimado caballero,

va y chifla loma adentro por su proceder mamerto.

Usted me agrada y esas literarias noches

me las bebo de madrugada

y hago de ellas un placentero derroche.

¿Cómo le digo?

Y es que usted no ha entendido,

mi estimado y ya no fino amigo,

que su inconstancia ya me llegó al fastidio.

Y no crea que me duele, qué va.

Pero mi ego me prohíbe que sea yo su mientras tanto.

Eso, mi ex preferido amigo, a mí ya no me divierte.

¿Le sugiero algo? Digo, sin ánimos de enfadar.

¿Por qué no se busca otra que le pueda aceptar

su "ya me voy vieja", su "ya llegué vieja"?

Y hay a ver cuándo la busco

pa' que me divierta entre rejas.

Sin llegar a la petulancia

y solo lo que es verdad,

está cabrón que se encuentre otra vieja tan simbiótica

que coincida tan A.T.M. haciendo el binomio ideal.

Pero me niego rotundamente

a que me busque a escondidas,

ya me alcanzó el hartazgo.

La neta, usted me conoce.

Y con esto, pues nomás no me hallo.

Así que, mi examigo, siga su camino igual.

Mas cuando se sienta triste no me venga a buscar.

Porque, la neta, y con el debido respeto para usted,

no voy a estar.

¿Y quién es ella?

Ella es ella, sin más explicación.

Su vida es tan compleja como sencilla.

Ella es única, en todo y para todo.

Y es que no tiene rival

porque es tan original.

Nunca se va a saber

cómo va a reaccionar

y es que así es de increíble,

no tiene comparación.

Lo mismo es amorosa

como también te lleva

alejarte de la fragancia de su rosa.

Impetuosa, intensa,

carismática y cabrona.

Quien la conoce

no puede dejar de verla,

de sentirla, de soñarla.

Y también, a veces, de alejarla.

Ella es genial, sin más explicación.

Dígame usted

Dígame usted si le apetece

que nos veamos esta noche.

Dígame usted si se le antoja

del amor hacer derroche.

Dígame usted qué le interesa

y yo, presta, me acomodo.

Mire que yo estoy bien puesta,

que me hago a su modo.

No tome a mal mi atrevimiento,

es con el debido respeto.

Va lleno de sentimiento,

yo a usted no le pongo veto.

Si quiere voy rauda y veloz

a encontrarme en su camino.

No hay nada que a mí me detenga,

yo la alcanzo en su sino.

Dígame usted, dígame usted.

Desenamorda

Desenamorada,
dices que hoy estás desenamorada,
sencillamente desenamorada.

Y, por consiguiente,
te sientes tranquila, feliz y liberada,
que nadie te detiene,
que estás muy contenta y realizada.
Qué padre que sientes
y que estás contenta de vivir la vida.

El tiempo no se detiene

Ella dándose otra oportunidad.

Él, buscándola y saludándola.

Ella, pensándose en la felicidad.

Él, alargando el encuentro.

Solo él sabe la realidad.

Ella como Penélope, esperando.

Él, diciéndole: siempre habrá un mañana.

Ella, contestándole que el tiempo no se detiene

y que alguno de los dos un día partirá.

Él, respondiéndole como con temor,

no me digas como que miedo le da.

Ella termina riéndose, dándose cuenta

que ese encuentro no se dará.

Él, despidiéndose con un te quiero

y un hasta mañana, si es que se da.

Ella ya tranquila, sin nada que esperar.

Él quién sabe qué pensará.

Ella ya no está esperando ese día.

Él, igual y se piensa que ese día no llegará.

Ella solo quería verlo

sin escombros, ni escondites,

con la intención de disfrutar

aunque eso fuera por última vez.

Y diciéndole gracias y sin asuntos pendientes,

dar un adiós que marque el final.

Ella y él, él y ella, solo Dios dirá.

De tanto esperarte

Y de extrañarte pasaban los minutos insaciables.

Llegaba el desespero y la tristeza,

llegaban los insomnios desvelados,

llegaban inundándose de llantos.

Y así seguí contando los minutos y los días.

Y continué pensándote y llorando día con día.

Y me presté a este corazón y a estas esperas

y así pasó el tiempo inexorable.

Ya me ha cambiado el prisma de las cosas.

Ahora yo te pienso y no te espero.

No quiero más caer en el quién sabe,

no quiero ser más presa de tus tiempos.

No quiero más tus idas y venidas.

Y se acabó. Deseo que tú seas muy feliz.

Aquí ya no hay alguien que siempre esté para ti.

Y déjame seguir mi camino sin tu sombra.

Te digo adiós: no habrá un más aquí te espero.

Mira si soy entendida que cuando dijiste te amo

mi vista se fijó en el cielo y quedé entretenida.

La noche de anoche

Se dio, se sintió, se disfrutó y no me arrepiento,
me invitaste y ese beso primero dio rienda suelta
a un sentimiento que suscitó.
El entrelazo de cuerpos fundidos
en un mismo recorrido,
piel con piel. Beso versus beso, caricias y abrazos,
lenguas anhelantes, respiración conjunta.
Cómo me voy a arrepentir si tú mismo sentiste
ese olor tan auténtico que no encontraremos
en alguien más.
No me hiciste mal.
Termino diciendo que se gozó y disfrutó lindo espacio.
La noche de anoche.
Gracias.

Amor

Hoy es 14 de febrero, aunque para mí todos los días
de mi existencia son evocados al amor.
Y para ser más precisa desde 1997 llegó el amor
de mi vida, a quien tengo en cada célula, en cada vista.
En cualquier momento y en cualquier espacio presente
o ausente, qué más da, si lo importante es que está,
así de loco, de intenso, de complicidad.
Así fue, es y será, hasta el último latido de mi corazón.
Gracias por llegar a mi vida,
gracias por estar en mí,
gracias porque contigo no hay despedida.
Gracias por tenerme en ti.
Por siempre de ti...

No te confundas

Ni te equivoques: tú no puedes ser mi amigo.

Y me conoces. Si he aceptado tus galanterías

es porque te he creído. Me llenaste de palabrerías,

lo tengo bien entendido. Juegas a demostrarme

tu amor e ingenuamente me lo creí.

Eso me causó gran dolor, pero al fin lo aprendí.

No te reprocho nada. Al final lo comprendí.

Me dejaste en desbancada y he superado el sufrir.

Creo que lo has entendido, dejémoslo hasta aquí.

Tu ego no te ha permitido que aceptes tu delinquir.

Búscate otra fiestecita y encuentra otra payasita

que te crea tus mentiras y te haga cara bonita.

Al final, tú sales perdiendo.

Anoche soñé contigo

Después de tanto que llegabas de sorpresa
y, sin que yo te sintiera, me pedías un abrazo.
De ahí nos fuimos a casa y platicamos.
Tú me pedías un beso con tu sinigual coqueteo.
Te me entregabas. Y aunque eran minutos
tu pasión y tu locura al igual me contagiabas.
Este sueño tan intenso, tan real como otros tiempos,
sentí igual ese beso y esa pasión desbordada
que se daba en madrugada.
Desperté y me bastó para tenerte en mi mente
que viví durante el día sonriendo con alegría.

Mi mejor amiga

Es una loca insensata.
Conozco muy bien a Leticia,
nadie como yo para conocerla.
Soy la voz de su conciencia
y, aunque quiero retenerla,
muchas veces no logro entenderla.

Me desespera su terquedad,
de no abandonar lo que le daña,
de aferrarse y saber la realidad
y sigue empeñada en su maraña.

Y es que no tiene maldad,
cae con esa ingenuidad
y aunque sabe la verdad
se empeña en seguir igual.

Sé que está esperanzada
en que se torne lo que desea.
Y se vive enamorada

aunque no le llegue esa espera anhelada.

Así es mi Lety, soñadora,
ocurrente, chistoreta y despistada.
Lo mismo ríe que llora
y ama su vida a su manera,
anda como idiota en su quimera.

Y entonces me digo: déjala,
tú no la vas a cambiar,
es su vida, respétala,
Lety decide su caminar.

Y ni hablar,
así la tengo que aguantar,
disfrutar y gozar de sus encantos,
desesperarme de sus llantos,
alegrarme de sus cantos.

Soy la voz de su conciencia:
me rindo, así tengo que quererla
y llenarme de paciencia.

¿Y dónde ponemos al viejo?

En reunión de 3 hermanos
sobre qué hacer con su viejo,
negociando su final,
qué les convenía más.
Que cuánto les costaría,
que a dónde lo llevarían,
que quién se comprometía,
qué era lo que más convenia.
El acuerdo discutían
como si fuera un estorbo,
lo que menos les afectaría
lo trataban con gran morbo.
A medida que escuchaba
sus acuerdos sobre el viejo
mi tristeza aumentaba
preguntándome que harán
con el buen viejo.
Entre risas comentaban:
Ya es tiempo de que se marche.
Quien se encargue de su estancia

la apoyamos a distancia.

Salí imaginándome al viejo

pidiéndole a Dios por él

y también a sus hijos

que le devuelvan el amor,

la crianza y el buen corazón.

¿Y dónde ponemos al viejo?

Eso ya no lo escuché

con lo que sí me llevé

que cuando se es niño

tu héroe es tu papá

y cuando adulto ya estás

tu papá es un estorbo y nada más.

Llegó al mundo un bebé

Que, con el paso de los años,
se convirtió en una gran mujer.
Ha recorrido muchos caminos
con su estilo peculiar.
ha vivido muy intenso,
es su forma de brillar.
Así es ella, una letrista
intensa y apasionada
de un sinnúmero de vivencias
y una loca acelerada.
Creería que a sus sesenta
más tranquila vivirá;
yo creo que ni a los ochenta
ella va a vivir en paz.
Y es que a su mente
la trae a todo lo que da,
le encanta hacerse presente
adonde quiera que va.
Me quiero imaginar
que llegará el día

que tranquila quiera estar,

que disfrute con alegría

lo hermoso que es descansar,

que se goce del momento

en toda su plenitud,

que escriba su pensamiento

con una clara virtud,

que deje los aceleres,

que se detenga a sentir,

que haga a un lado los deberes,

sin prisas y tranquilamente

disfrute su vivir.

Que sus sesenta los viva

donde y con quien quiera estar,

que vea que la luna brilla

en donde sea su lugar.

Propuesta

Antes de que decline la vida

y termine el último soplo de aire,

antes de que sea demasiado tarde,

intentemos saciar con broche de oro.

No dejemos pa' mañana

porque, seguro, no llegará,

dale espacio de tu tiempo,

a eso que desde siempre estará esperando ya.

Nada de sacar historias vividas,

ni de dolores añejos,

ni entretejer puntos de dramas a lo lejos.

Al contrario,

a darle el valor

que le hemos robado

a eso que, en su momento,

fue de lo que mejor ha pasado.

Recopilación de mis letras

Figuración

    invención

        amor

           final

Y yo que me pensé
que el pasado era historia,
que había quedado
sin ninguna gloria.
Y me lo repetí tanto
que hasta me lo creí,
acabé con mi llanto
y salí a sonreír.
Y probé otros amores
dispuesta a disfrutar,
los recibí con honores,
con mis ansias de amar.
Fue tan bien la planeación
que mi cerebro lavé,
lo hice con tanta intención

que por un buen tiempo olvidé.

No es cierto, mientes, Leticia,

fue un lavado a tu mente,

ese amor es tu franquicia

para amarlo eternamente.

Queda por siempre sellado,

en tu corazón latiendo,

lo llevas contigo a tu lado,

acéptalo, es tu refrendo.

Hace ya tantos años

y los que faltan por vivir

conmigo, año tras año,

hasta el día de mi partir.

Vive el hoy

No busques la felicidad
en el lugar en que la perdiste,
no te aferres a ese pasado
que ya no es tu presente.
No dediques tu tiempo
con historias dolientes,
con episodios castrantes,
que lo que no aclaraste en su momento
de nada sirve que le dediques el pensamiento
que te lleva al doliente sentimiento.
Que, aunque lo dijeras,
el ladrón que te robó
no va a aceptar que te hurtó,
seguro que él cree que ni cuenta te diste
y no lograrás que lo acepte.
Esa historia suéltala ya,
regocíjate del presente,
deséale bien, no mal,
vívete feliz y plácidamente
con la bendición de Dios.

Tú conmigo

Guardo en mi mente tu nombre
y en mis oídos tu voz,
adorno mi corazón
con tus mensajes de amor.

Siento tus pasos andantes
que se acercan a mis pies
y, juntos, caminamos
por el sendero del ser.

Tengo tan cerca tu piel
que se enlaza con la mía,
compartiéndote mi piel
que, de dos, se hace una.

Te tendré perenemente,
llevándote en mi camino,
a mi lado sin tenerte,
yendo hacia el mismo sino.

Te tengo y no te tengo,
te llevo y no estoy contigo,
nos llega la madrugada
que alcanza la desvelada.

Y que esta empatía
nunca será olvidada,
la que me llena de alegría
y de confidente mi almohada.

Siempre tú, siempre yo

Si por ahí te llega la noche
y tienes un espacio para ti antes de dormir,
compártelo conmigo,
no necesitas hablarme,
ni escribirme,
con solo mirar la luna
seguro me encontrarás.

Si, de pronto, en sueños
me sientes y me ves en tu interior
es que yo te estoy enviando
mis pensamientos al por mayor.
Que tú y yo,
sin que nos hablemos,
nos pasamos los días y las noches
recordando lo vivido, lo gozado, lo sellado
y jamás olvidado.

Esto es nuestra empatía
que es nuestra alegría,

traer al hoy nuestra travesía

formando parte de nuestra estadía.

Si despiertas en la madrugada

pesándome a tu lado,

no te desanimes sintiéndote en abandono,

siente que mi alma está unida con la tuya

y eso nada ni nadie

lo termina.

Y eso, mi siempre amado,

nuestro camino andado,

ni en el más allá lo habremos abandonado;

al contrario, lo tendremos más sellado.

Desnudémonos el alma

Hace más de dos décadas
que te invité a desnudarnos el alma,
sin prisas, ni tapujos,
hacerlo con suave calma,
que nos diéramos ese lujo.

Y no ha llegado el momento
de emparentar nuestros tiempos,
entrelazando los pensamientos,
invadiéndonos de nuestros sentimientos.

Y tal vez nos alcance la muerte,
quedándonos con el no
llegamos a desnudarnos el alma.

El llanto invadiéndome sin cesar,
atrás quedó el deseo,
que no logré concretar.

¿Tú? No sé qué pensarás,

han pasado tantos años,
igual, ya ni en cuenta lo tendrás.

No lo sé.
Lo que sí sé es que, si se da,
me llenará de felicidad lograrlo realizar.

Y, si no, en la otra vida
igual nos volvamos a encontrar,
logrando aquel sueño
de desnudar nuestras almas,
llenos de paz y tranquilidad.

Te quiero en mi vida

Te quiero porque te quiero,
sin razón y sin motivos,
te quiero porque se dio
sin buscarlo, ni entenderlo.

Te quiero porque llegaste
y sentí la empatía
y entonces te apersonaste
llenándome de alegría.

No te esperaba,
ni me buscabas,
se dio sin un porqué
y sentí ese temblorcito
que me acarició e invitó
a decirme: aquí estaré.

Que este tramo de existir,
el tiempo que se nos dé,
lo caminemos sin plan,

simplemente por estar,

por reír, por disfrutar,

viviendo el día a día

que se nos dé el amar.

Vámonos a vagabundear,

así como se nos dé,

dejemos el planear;

que lo que nos queda de vida

sea de dos viejos que les llegó

en sus últimos tiempos:

El sentir,

    el amar,

        juntos hasta

            el final.

Que lo que toca el alma jamás se olvida

Que el gran amor de tu vida

no se olvida

y siempre se recuerda,

aunque ya no se tenga.

Al contrario, se defiende

contra todo aquel que lo ofende,

lo maldice, lo reniega.

Si amaste con el alma

y lo trajiste contigo,

no hay cabida para el abandono

y menos para el olvido

y mucho menos para ofenderlo.

Que el gran amor se protege

contra todo aquel

que se atreva a maldecirlo,

que lo burle, que lo invente,

que se escude en sus maldades

y en sus falsos "yo no fui, cómo vas tú a creer".

Ese es el gran amor
y solo una vez en la vida se da,
tan intenso, tan vehemente,
tan bello que nada ni nadie
lo podrá destrozar.

Defiende ese gran amor,
aunque contigo ya no esté,
no permitas que tu actual
lo empañe con su impotencia
de no haber logrado que le ames,
como ese gran amor
nunca olvidado,
siempre recordado
y en tu andar a tu lado,
aunque solo sea imaginado.

Amor

Cada segundo, minuto, hora,

cada mañana, tarde, noche,

cada espacio de nuestra existencia

es hermoso dar amor.

Es el alma de la vida,

es presencia, es esencia

que se entrega al corazón.

El amor no tiene año,

no tiene mes, no tiene día,

se da porque se da.

El amor es alegría, es llanto, es felicidad,

también es dolor, es desprendimiento,

es despido, es llorar.

El amor es dar las alas para volar

a ese alguien que te quiso abandonar.

El amor no tiene edad,

se da porque se da,

se ríe, se encanta, se llora

y otras veces hay que soltar.

El amor es tan universal
que cada uno lo siente
y lo vive de una forma sinigual.

Amar conlleva a la vida,
placer, besos, abrazos, llantos y alegrías.

El amor es uno de los sentimientos
más difíciles de explicar.
Se experimenta de forma particular.
Cada quien lo vive,
lo goza, lo disfruta, lo llora,
lo abandona, lo despide, lo aleja,
según sea el destino que te lleve a realizar.

Respuesta

Mis letras son mis historias o de alguien más.

Tengo la fortuna de ser confidente de mucha gente

que se quedan en mi baúl,

y se vuelven palabras que conforman un poema

Nadie sabrá las raíces de ese montón de historias

que se llegan a plasmar.

Todo es verdad, nada es ficticio o inventado,

solo yo sé quién es el protagonista.

Habrá quien se crea parte del poema sin serlo,

habrá quien piense que es la musa de la historia.

Pero solo yo sé quién es el dueño de mis desvelos

y sentimientos y a quien le dedico mis pensamientos.

Esa es Lety Bazán, sin más ni menos.

Que ya no lloro, solamente los limpio por añejos

En el baúl de mis recuerdos
hay unos que, aunque añejos,
aún se aferran a que no los deje en el pasado,
que me apresan de cerca y de lejos.

No se van, qué va, al contrario, se apoderan
de mi mente, de mi alma y corazón
y me llevan a la historia,
a sentirla como si la siguiera viviendo
en el día al día.

Que cuando creo que lo olvidé
se vuelve más intenso y rudo,
que no se fue, ni se va, ni se irá.
Así que no hay forma de dejarlos en el olvido.
Fueron, son y serán dentro de mí, siempre presente
y se irán conmigo
hasta el último suspiro de mi existir.

A quién miran tus ojos

¿Adónde miran tus ojos?
¿Quién es el dueño de tus sentimientos?
¿A quién le regalas tus pensamientos?
¿A quién llenas de hinojos?

¿Quién es el elogiado
a quien le has regalado tu corazón?
¿Quién es el ser amado
que despierta tu pasión?

Qué bonito el amor otorgado
cuando te lleva consigo,
cuando se empata contigo
cuando te llena de lado a lado,
regalándote sus tiempos
por sentirte enamorado.

Si esta mirada hablara

¿Qué crees que te diría?

¿Te llenaría de alegría?

¿Sus historias te contaría

o solo con amor te vería?

¿Tú qué crees? ¿Qué sería?

¿Tu vestir, tu caminar,

intentando conocerte

poco a poco una vez más

o solo te admiraría

viendo cómo te vas alejando,

diciéndose a sí misma

"vete porque de ti me estoy enamorando"?

Si esta mirada hablara

quién sabe cuánto amor te ofrecería.

Si por ahí se te aparece

no la sueltes, no la dejes,

déjate querer por ella,

te aseguro que será

un amor incondicional.

No te confundas

No te confundas conmigo,
allá quedó el pasado,
es que no serás mi amigo,
imposible aceptarlo.

La llave de mi corazón es mi regalo
para quien sigue a mi lado.

Que yo te puedo escuchar
y también saludar,
que podemos platicar
tan solo por estar.

Tú escogiste retirarte
y sin por qué alejarte,
por años, me ignoraste,
los mismos que aprendí a olvidarte.
Así que tienes mi hola
y también tienes mi adiós.

La máscara

Las máscaras que usamos
para esconder lo que realmente somos,
lo que nos resistimos a enfrentar,
lo que preferimos esconder,
que, a decir verdad,
solo nos escondemos de nosotros mismos,
jugando a yo soy algo que no quiero aceptar.

Nadie ni nada hará de cada quien
lo que piensen o crean,
somos nosotros los que nos engañamos
sabiendo que no podemos,
a través de la máscara, ignorarnos.

Así que sentémonos frente al espejo,
detenidamente mirémonos
y aceptemos que es con uno mismo que viviremos,
sin máscaras ni tapujos,
solo con la verdad que es nuestra realidad.

Amor

Qué bonito es el amor
cuando es bien correspondido,
cuando es bien correspondido
qué bonito es el amor.

Suenan las algarabías
que nos alegran el corazón,
que nos invaden de alegrías
y nos llenan de pasión.

Que para el amor no hay edad,
ni licencias, ni tiempos,
que basta con saber amar,
eso es lo que se espera.

Quise, pensé que iba a poder y, ya ves, no pude

Ha pasado más de una década

y entonces me prometí que no iba a desearte,

que, aunque no iba a olvidarte,

iba a encontrar la manera de no extrañarte.

Me hice un sinfín de promesas

a mi corazón y a mi alma,

escribía esas frases

intentando que me llegara la calma.

No fue posible dejarte

en el baúl de los recuerdos,

por más que quise encerrarte

solo logré en mi mente llevarte.

Y bueno, esto es lo que ha pasado,

después de tu no retorno

sigues aquí, a mi lado,

aunque lejos de mi entorno.

Quise, pensé que iba a poder

y, ya ves, no pude.

Tardé para entender y finalmente entendí

Sostuvimos una larga relación
pretendiendo ser victoriosos
de eso que llamamos amor.
Fueron años forzando al corazón,
intentando envolverlo de candor.
Así se nos fueron los días,
los meses y los años,
inventándonos alegrías
en un celofán de engaños.
Algo muy fuerte nos unía
aunque éramos tan diferentes,
inventándonos alegrías,
forzando nuestras mentes.

Nos empapó el tedio,
nos inundó el fastidio,
nos llenó el miedo,
nos volvimos enemigos.
Hasta que llegó el día
y encaramos el sentir;

tú con tu indiferencia,

yo con mi "ya entendí".

Tú no fuiste para mí,

ni yo fui para ti,

deseo que seas feliz,

que yo intentaré

encontrar a alguien con quien vivir.

A lo que me queda de vida

esperaré que llegue alguien

que sea para mí,

que aún es tiempo

de conectar mi alma,

mi corazón y ser feliz.

Historia de un amor

Aquel que fue nuestro amor, el mismo que un día cualquiera se abandonó así, sin esperarlo, sin dudarlo, sin pensarlo. El ya no… surgió.

Sin derecho de réplica, me dejó, se marchó. ¡Así que me dijo se acabó porque acabó!

Y acepté el tengo que respetar. Lo lloré, lo extrañé, lo viví, lo sufrí y, al tiempo, sin olvidarlo, logré superarlo. Después de un buen de años te apareciste, así tal cual, como si nada hubiera pasado, tan seguro te sentías que yo te aceptaría.

Tantos años compartidos, tantos motivos vividos, tantos sueños sin lograr que regresaste seguro de que te iba a aceptar.

No, no es cuestión de revancha, ni tampoco de olvido: es respeto a mi persona. Me quedo con lo vivido. Suele suceder, abandonar a quien más te amó. Hay que saber perder. Sigue por donde tú quieras que para ti… ya no estoy.

Me llevas contigo

Se extraña lo que no se tiene, lo que no se siente, lo que no se vive, lo que no se sueña.

¿Sí me llevas en tu corazón y me tienes contigo? ¿Sí a diario platicas conmigo trayendo a tu presente los mejores momentos vividos?

Yo a ti no te extraño. ¿Cómo que por qué? Si dejaste tan intensos peldaños que tengo tatuados en mi ser. Nos dejamos tantos caminos, tantas brechas andariegas, tantos motivos sentidos, tantos sueños cumplidos.

Lo que no se concretó y no se realizó es que así sucedió y, bueno, fue lo mejor.

Así que no me extrañes que me tienes contigo a la hora que tú quieras, sin horarios, ni excusas, ni agobios, ni mandatos.

Qué más da que no nos veamos, que no busquemos un encuentro, que no tengamos que hablarnos, ni tampoco vernos.

Si estamos tatuados de un pasado que se lleva en el torrente por siempre en nuestro lado sin que estemos físicamente presentes.

Corazón intenso

Tirano aferrado, mi loco enamorado que ante cualquier cumplido te has ilusionado. Elevas tu sentido sintiéndote amado con sueños de cupido al traste me has llevado.

¿Por qué me enloqueces espantando mi calma? Con tus locas sandeces me aceleras el alma y haces que me ilusione y empiece con ensueños. Me llenas de emociones alterando mis sueños.

De nuevo, corazón, te has equivocado otra vez. Sin razón me has alterado. Es la última que te paso y no te me emociones, no volveré a hacerte caso, corazón, no más traiciones que, si ha de llegar el amor tan esperado, deja que me haga vibrar, mi loco enamorado.

Amor sin fin

Tal vez tú no te acuerdes y lo habrás olvidado. O quizás en tu mente no me tienes presente.

Me pasa lo contrario. El reloj se ha parado. Desde entonces, en mi sueño, te tengo a mi lado.

Me llegan las madrugadas, mi cómplice y confidente, la luna me acompaña hasta llegar la mañana.

En camino vas conmigo, a donde quiera que vaya, aquí no importan los tiempos: mis pasos son todos tuyos.

Y no busco encontrarte, ni pregunto por tu vida, ni me roba el sueño cuestionándome tu tiempo.

Y es que mi presente es nuestro pasado: te llevo enfrente; al tiempo, a mi lado.

Poemas

Te digo que te amo, aunque no esté contigo, aunque nuestros caminos no vayan por el mismo rumbo.

Te digo que seguiré recorriendo tu cuerpo, aunque ya le pertenezca a otra mujer, porque, aunque estés con ella y disfrutes su presencia, nadie, léelo, nadie te entregará como yo te entregué mi esencia.

Igual y yo también estaré con alguien más.

Igual me acostumbraré a su amor, a su entrega, a caminar con su compañía, a disfrutar la alegría de estar unidos.

Pero muy dentro de mí seguiré añorando, seguiré recordándote, seguiré disfrutando cada momento que pasé contigo.

Quizás en otra vida nos volvamos a encontrar, pero en esta, estás en mí, aunque tú conmigo ya no estés.

Si te olvido, ¿qué?

No sé qué pasará el día en que me llegue el olvido. Igual y me será indiferente, o tal vez ni siquiera me dé cuenta de que ya se encargó la vida, que ni hubo necesidad. Simplemente te olvidé y de mi vida te borré. No lo sé. Cada vivencia es diferente y, con la edad, el arcoíris cambia sus colores. Hoy puedo estar triste, pero siempre hay un mañana, siempre estará esa luz a veces ignorada.

Y me quedo entre tinieblas. No me fio de mi corazón, ni tampoco de mi mente. Estos dos hacen un binomio, me dan una estocada que me apretuja y me hace la vida alocada. Por eso estoy pensando qué tal si negocio con mi mente y convencemos a este corazón loco, enamorado, aventurero, tirano en ocasiones y en otras, puro amor, que se dé la oportunidad de disfrutar de otro amor, ese que compagine, ese que nos haga la vida feliz, ese que nos sepa amar y que no nos comparta, solo él y yo. Y si te olvido, ¿qué?

Trataré de ser feliz, sin escondites, sin miedos, sin estar esperando ahora qué va a pasar, tener la seguridad de que no tendré que esperar a qué hora me vas a amar.

Y bueno, pues

Y bueno, pues, un día más que yo le hablo y no me contesta. Y así es usted. ¿Qué voy a hacer? ¿Seguirlo esperando o irme despacio? Y no se sienta usted apesadumbrado, ni acorralado, que yo conque no conteste me hago a un lado y seguiré mi camino liberado.

Si le hace falta una amiga que esté a su lado, lo entiendo, que se vaya lejos cuando usted lo ordene. Entonces, mi amigo, siga usted buscando por los bulevares, quién quite y encuentre gente de prepago que le haga feliz un rato.

Mi cuarto de triques

Ese cuarto de triques que creí olvidado, ese cuarto al que no quería entrar, ese cuarto de triques abandonado al que no me quería enfrentar, en el que yo no deseaba hurgar, ese cuarto lleno de vivencias, algunas bellas, otras escalofriantes, de fuertes experiencias, cúmulo de historias inquietantes. La necesidad me hizo enfrentarlo, lo sostengo un tanto dudosa. Y empezó el encuentro: fotos de mi madre, de mi padre y mis hermanos que ya se me han adelantado, mensajes, cartas de despedida de mi güerita. Y ahí empezó el llanto, y ahí volví a vivir aquellos tiempos desolados, aquellos momentos intensos de tristeza, de llanto, de desconsuelos. Y lloré, que si lloré. Y empecé a recordar aquellos tiempos de felicidad, de amor auténtico y genuino, de aquellas comidas en familia tan sabrosas, nadie como ellas para cocinar. Bien recuerdo cuando mi padre llegaba con su camioneta llena de frutas, de cecinas, de carnes, de todo lo que nos pudiéramos imaginar. Entonces se invitaba a los vecinos, familiares y amigos. Y se hacía la verbena, día de fiesta, de compartir, de jugar, de comer, de disfrutar, de reír. Vinieron otros encuentros de amores pasados, de períodos bellos, de viajes encantadores que solo nosotros dos disfrutábamos. Cuántos caminos andados, cuántas brechas avanzadas, cuántos detalles divinos, cuánta dicha, cuánto encanto, cuánto amor nos entregábamos. Fueron días que viví. En ese cuarto de triques lloré, me enfadé, me gocé, pero valió la pena enfrentarme al pasado, a ese pasado que al final muchas cosas liberé, otras tantas solté y con muchas otras me quedé porque siempre voy a llevarlas conmigo. Fue reconfortante hacer las paces con mi ayer. Mi vida pude constatar con este historial de mi andar. Aprendí que no he vivido en vano, que cada minuto de mi existencia ha sido tan valioso: tristeza, alegría, llanto, risas, fracasos, aciertos, pero siempre muy míos. El tiempo que me queda de vida me prometo vivirlo como me llegue, viviendo el solo por hoy y estar en las manos de Dios para cuando me llame a estar con Él. Porque sé, y bien que sé, que me encontraré con mi gente y que estaré por siempre feliz.

Ya no te espero

Ya no te espero, es cierto, pero cuánto te pienso. Pasan los días y no pretendo que te aparezcas, es incierto. Sin embargo, he aprendido que el tiempo pasó; mi mente le dice a mi oído: recuérdalo, aun si estás en el ocaso. No lucho por olvidarte, la verdad ni tiene caso. Me dejo sentir y recordarte lo que no puedo sacar de mi pensamiento, el corazón no te suelta, mejor dibujo en mi lienzo cada detalle de tu piel y el sabor del último beso.

Contigo no futurizo, ni pasado, ni presente. Lo que sale de mi mente y me sorprende el hechizo, ese que me enloquece, me transforma y me transporta, me emociona, me divierte, lo disfruto y te enaltece.

Así, sin más compromiso, ni te espero, ni me conduelo. Mejor cuando llegue el pensamiento, por ti con gusto me quedo.

Belleza de Dios

Qué bonito es Monterrey y sus alrededores en tiempo de vacaciones, libre de tráfico, de aceleres, disfrutando de sus bellezas.

Me encanta salir sin prisas, tomar carretera sin camino, por donde se nos vaya ocurriendo, con agradable compañía, platicando, cantando y riendo. Sus cerros, sus andares, sus caminos.

Los Cavazos, Santiago, El Cercado, lo mismo comiendo una deliciosa paleta que un rico y antojado elote, ir al río Raíces o al Fraile, donde los niños disfrutan de un buen chapuzón.

Y sus tacos y tortas son el manjar más exquisito. Qué bonito es nuestro pueblo que podemos disfrutar, es placentero y hermoso, sencillamente espectacular.

Compañera de andanzas

Y quién dice que mi amiga no es como hermana, que no puede ser mi guía, ni mi sol, que no puede ser compañera de esperanzas, que no tiene el común denominador. Yo sí creo que la vida te regala la presencia de una amiga sinigual, que siempre camina a tu lado y que está solo por la hermandad de estar. Y somos tan diferentes una de la otra.

Ella es precavida, toda seriedad; y yo una loca desfachatada, pero las dos respetamos nuestro pensar. Nuestro emblema es la libertad y en eso sí coincidimos, estamos cuando queremos estar y cada quien en su sino. No solos somos nosotras, a las familias unimos, somos las tías consentidoras, todos en un mismo himno.

Ella mi amiga, mi confidente, la que me regaña, la que me consuela, la que me consiente, la que por mí se preocupa, la que me lleva los pagos, la que tiene siempre tiempo para protegerme de mis descalabros.

Ella, simplemente, es ella y yo soy, simplemente, yo. Gracias por esta amistad tan bella que el creador nos regaló.

Mi sol, mi estrella, mi luna, mi musa

Siempre amada, no hay nada mejor que el sol brille de una forma esplendorosa; y hoy brilla por ti mi sol de manera maravillosa.

Cada que te pienso brilla de nuevo solo por vos. Por ti, la luna me coquetea, me guiña el ojo siendo tú de mi vida mi albacea, tanto que hasta me sonrojo.

La tenue luz de las estrellas que cada noche disfruto, tú estás en cada una de ellas, te envío mis pensamientos como un tributo.

Por ti las letras se me dan, sin pensarlo las siento, salen, así como van, decoradas de sentimiento. No te apartes de mi existencia, búscame cada que así lo sientas.

Tus llamadas adornan mi esencia, tu voz dulcifica mi presencia, regresaste y contigo el despertar de estas letras perdidas que solo tú me haces llegar.

Así que, vengan los días llenos de estas maravillas, que las noches sean alegrías y en los sueños seas mía. Que sea nuestra realidad solo tú y yo nuestro sueño. Llenémoslos de beldad, que el amor sea nuestro dueño.

Te veré cuando te vea

Sin planes, ni fechas, ni horarios, sin lugar, sin tiempos, sino todo lo contrario cuando nos una el deseo. Cuando caiga sin esperar ese momento apropiado y poderlo disfrutar sellándolo, abrazados.

Te fuiste y no olvidaste

Cuando más segura me sentía de nuestra relación, cuando todo era alegría te fuiste y no entendí la razón. No hubo ninguna explicación, me enteré por simple instinto, se me rompió el corazón y, sin esperarlo, mi alma se me quebró.

Fueron noches, días, meses de intenso dolor, sentía que me cobró con creces eso que era mi gran amor. Pero el tiempo todo lo cura, al pasar del tiempo y los años aquella intensa locura se desvaneció creyéndome el ya no te extraño.

Algo pasó con tu vida, no pudiste olvidarme, según tus propias palabras, se te daba el recordarme. Y ahí brinca la pregunta: entonces, ¿por qué te fuiste? ¿Si te enamoró otra yunta? ¿Por qué a no olvidarme te resistes?

Mas son cosas del destino que hoy nos platicamos, sabrá qué será de tu sino, quién sabe cuál será el mío. Y me surge la última pregunta: si eres feliz a su lado, ¿por qué me sigues recordando? ¿Por qué tu alma no me ha olvidado y me sigues añorando?

Sin título

Deja que te engolosine y a mí me endulce estas noches tiernas sin ningún presente, solo nuestros deseos que son imparables, que son envidiables, que no hay nada ni nadie que con él acabe. Estas únicas situaciones de recordatorios de hermosas canciones, de hilar con lo propio todas las emociones, de rescatar los piropos, nos inunde todas nuestras estaciones.

Y después, al terminar nuestro secreto, dejar al alma vibrar, nos lleve a disfrutar este amor que no tiene veto. No existe título alguno para poder descifrar; como este amor no hay ninguno que lo pueda superar. Es el idilio más intenso que solo tú y yo podemos compartir el pensamiento. Tal vez no nos veamos, pero lo nuestro, no se lo lleva ni el viento.

Y ya sabes, no pienso, solo siento

Esa señora a quien refieres con desprecio, a la que maldices y amenazas y que me peleas y me atacas, déjame decirte que fue en mi vida importante, déjame contarte que siempre estuvo al pendiente de mis necesidades, de mis tristezas y llantos, que tenía las palabras precisas para levantarme de mis caídas, que el llanto me lo cambiaba por sonrisas. Esa señora sola recorría 320 kilómetros de inmediato cuando vulnerable me sentía y con un abrazo y buen trato cambiaba mi dolor en alegría

Ella, mi yo

Ella es mi sombra. En todo momento me asalta de pensamientos y sentimientos. Después de luchas vividas, unas ganadas, otras perdidas, con miles de colores, unos alegres, otros muy tristes Y un buen día, sin pensarlo, ni planearlo, empezó a vivir el día a día sin metas, sin planes, sin intereses metálicos, ni de enriquecimiento.

Ella ya no tuvo horarios planeados, lo poco que le quedaba de afanes laborales, de compromisos sociales, los fue dejando en el camino.

Y un día cualquiera, sin pensarlo, se le fueron poniendo los días a tono. Ella vive sola, sin horarios de compromisos, sin horarios de comida, sin apuros, sin grilletas, ni obligaciones, bueno, solo dos, el Güero y Libertad. Ella es mi amiga, mi confidente, la que sufre y otras veces llora por no ser organizada y respetada consigo misma.

Pero ella, hoy por hoy, aprendió que la mejor posición es ser libre y el saber estar o no estar, según se le acomoden los tiempos.

Ella es esa loca, solitaria, vagabunda de haceres y

decires, de ser un verdadero y reverendo desmadre, de vivir el día a día con toda su alegría. Su sobrina le dice que es un alma libre y, la verdad, no sé. Lo que sí sé es que ella, cuando llegue el día de su final, desearía que sus acompañantes la despidan con risas, historias, anécdotas y su tan pedida canción "A mi manera". Ella soy yo, y yo soy ella.

Tú y tu alrededor

Tu mente es una tómbola y un circo tu corazón y a los que nos incluyes somos parte de tu acción, siendo una vorágine de ires y venires, a los que nos invitas cuando tú lo quieres y a los que descartas dándole cabida a otros menesteres.

Ese eres tú, al principio destanteas con tu proceder y luego aceptamos ser parte de tu locura en el ser y el no ser. Bien que esperamos con dudas e inquietudes porque solitos aceptamos y si te ausentas te extrañamos pensando: alguien ya le llegó y por eso nos soltó.

Así eres tú y todavía con tu desfachatez te niegas a aceptar que te encanta la rueda de arriba abajo, de cerca o lejos de locura, que te llena y nos tienes como tus espejos.

Tú no vas a cambiar, pero lo más loco es que nosotros vamos a estar cuando tú lo requieras y cuando nos vayas a abandonar.

Termino diciéndote lo que hace décadas te pronuncié: para ti somos tus mientras tanto, te encanta el peligro y ni qué reclamarte, si cuando regresas para ti siempre estamos, por más que nuestra mente nos diga "no", basta una llamada tuya para volver a un "sí".

Ese eres tú y esa soy yo y esos son los demás en esta locura formando parte de tu "ya llegué, ya me voy". Que tu realidad es que sabes que si nos buscas vamos a estar, que tu locura nos contagió.

Qué pronto te fuiste, madre, tus visitas en mis sueños me llenan de amor

Hoy me he despertado con llanto en mis ojos. He llorado por esos recuerdos que tanto he llevado por tu amor que tengo tatuado. Madre, te he soñado, hemos platicado de tantos recuerdos y me has besado, me has abrazado, sintiendo el calor de este amor por siempre añorado. Y cantamos, bailamos, tú en tu mecedora, yo a tu lado, sacando del baúl de los recuerdos, nuestros grandes sueños.

La anoche de anoche, la he disfrutado, el sueño más bello de estos mis tiempos. Aun siento ese calorcito tan lleno de amor que tú, madre mía, bajaste del cielo para decirme: no temas, hijita, que, adonde vayas, contigo estoy.

Compañeros de amor

Yo no quiero que te esclavices a mi lado, ni deseo subirme a tu camino. No pretendo sentirte enrolado; que tus pasos vayan adonde vaya mi sino. Yo quiero que seamos compañeros de vida, tú en tu casa y yo en la mía y que disfrutemos nuestro tiempo compartido con el toque más preciado de alegría.

Que no nos hagamos codependientes, ni nos demandemos estancias forzosamente, que ensuciemos nuestra relación con celos y exigencias al por mayor. Que así como estamos haciéndonos compañía, disfrutando de nuestros tiempos con toques de locura compartida. Que salgamos a carretera y nos vayamos cantando, parándonos donde se nos antoje. Que nos riamos y bailemos, nos metamos al río y, al final del día, lleguemos a nuestras casas contentos, satisfechos para dormir plácidamente de haber vivido el día amorosamente.

Yo te quiero libre y me quiero libre. Entonces, juntos en libertad. ¿Qué dices? ¿vas o no vas? Vamos adelante, mi vida, que lo que nos queda de tiempo sea para disfrutar.

P. D. Paso por ti en 1 hora.

Si vas, sí voy

Me gustas como para decirte que adonde vayas quiero seguirte. Si me permites, voy a donde tú vas y si tú quieres soy tu guía al amar.

Y es que tú tienes ese encanto genial y esa dulzura tan suave al andar y cuando ríes me haces soñar. Sería un privilegio contigo la vida disfrutar.

Es tal la química que hay entre los dos, compaginamos hasta en el caminar, se nos empata esta forma de amar y disfrutamos ver la luna pasar.

Me gustas tanto que tú dices si vas, que yo te espero; pero no tardes más. Y es que te siento y te quiero llevar, por siempre unidos. ¿Tú me ansías igual?

Hasta el más allá

Aunque yo no lo quiera, ni tú lo desees, esa historia de amor no es posible olvidar. Así deseemos no recordar y busquemos miles de maneras para no extrañar, hay tanto que nos sigue, que nos lleva, aunque no queramos vivir de ese ayer.

Hay amores que llegan para quedarse en lo más íntimo de nuestro ser, que llevamos tatuado, por siempre amarrado, que se queda añejado en nuestro corazón.

Aunque no quieras tú, aunque no quiera yo, ese hilo que nos une nos atará hasta el día de nuestro final. Nos lo llevaremos hasta el más allá para no irse jamás. Y entonces, en la eterna vida, nos volveremos a encontrar y así, sin ninguna pena, uniremos nuestras manos llenas de amor y felicidad.

Golpe certero

El golpe certero que me propinó directo y al corazón, ese que no esperaba, ese que me partió el alma, no había un porqué.

Yo le escuchaba y mientras iban pasando los minutos, usted subía de tono lo que me hablaba.

No entendía sus argumentos cada segundo que pasaba, incrementaba dolosamente mi sentimiento. Así quedó. Y en el silencio de mi habitación repasaba cada segundo de lo que usted me expresó.

No había tal intención, ni tampoco razón, así sin anestesia, usted sin más lo soltó. Pensé en ir a buscarlo y platicar. Estuve a punto de encontrarlo, pero es mejor callar.

Este golpe certero me sirvió de ubicación. Lo primero es lo primero, tranquilo está mi corazón. Le digo algo, acá entre nos, usted no me interesó. Qué pena que confundió mi generosidad con una posible relación.

Mi vida al hoy

Al hoy vivo mi vida, sin pensar qué pasará mañana. Mis días son libres, sin atadura malsana.

Disfruto a mi familia con libertad, sin acosos, ni dependencias, ni qué sucederá.

Ya no hago planes, ni me fijo metas, ni me agobian obligaciones, ni me encierran cánones. No exijo presencias, ni pido atenciones. Si te veo, qué bien, y si no, también.

Solo espero de la vida vivir el día a día, que me llegue la estampida viviendo con alegría.

Mi alma es libre, mis pasos no planeados, disfruto el momento y no doy cabida a pensamientos maleados.

Soy mi confidente, mi compañera de aventuras, soy tan independiente, me alejo de ataduras.

Y si me llega un problema, ni me acoso, ni me hostigo. Uso como emblema, lo bueno es que estoy conmigo.

A mi familia la adoro y disfruto a mis amigos, mi güero, fiel compañero, mi Dios siempre conmigo.

Intempestivamente

Así, de pronto, sin esperarlo, sin desearlo, sin invocarlo. Llegó intempestivamente este amor que por ti siento, presentándose vehemente con todo mi sentimiento. Y mis letras van brotando con extrema rapidez y mi corazón latiendo con suma delicadeza.

Lo real que no has hecho nada para tenerme encantada es, en sí, tu personalidad la que me tiene enamorada. De esos amores que llegan sin saber si durarán, esos que te invaden el alma para no irse jamás.

Esos que tocan tu puerta en tu enamorado corazón y que la dejan abierta, que se adueñan de tu pasión. Lo que sí es verdadero es que eres mi amor, lo que también es cierto que de ti no sé si lo soy. ¿Se dará? No lo sé. Lo que sí sé es que lo disfrutaré, se dé o no se dé.

Hasta donde estés.

Un gran amor

Yo te quiero como nadie te ha querido y te quiero con todo mi corazón. Tú me gustas y me encantas como eres. Eres lindo, eres bello, eres tierno, eres mi amor.

Si me miras con tus ojos tan hermosos y vislumbro que en ellos hay amor, me enloqueces de cariño y de ternura, eres mío, yo soy tuya. Somos uno entre tú y yo.

No escondamos esto que nos enamora, que tus ojos, mis oídos y nuestros cuerpos son uno en dos.

Dios permita que este bello nacimiento siga con la gloria del amor, que este lazo de unión siga adelante.

El mejor regalo de cariño entre tú y yo.

Amigo

El ser amigo es algo hermoso y generoso a la vez. Es sentimiento, es ser el cómplice de tus andanzas. También el amigo es confidente, quien está contigo en tu andar. Es ese encuentro maravilloso con el que siempre contarás.

El ser amigo guarda secretos que nadie más sabrá, ese amigo necesario que está contigo en tus bellezas y en tus calvarios. Tener amigos es lo más preciado que te puedes encontrar, donde tú eres sin máscaras, quien sabes que siempre te va a apoyar. Decir amigo es decir todo y decir siempre a la vez. Es tu reflejo, tu regaño; también tu espejo que no hay engaño y que, aunque falles, siempre te va a disculpar, aunque lo encabrones, jamás te va a abandonar.

Así mis letras

Que mi forma de amar no siempre tiene nombre y apellido. Muchas veces, entre sueños, hago versos transcurridos que al despertar llevo a rimar, logrando letras dignas de disfrutar.

Que a quien se nos da esto de parafrasear, ni lo pensamos, ni lo forzamos, solo se nos da el letrear, haciendo un collage hermoso, lo que es el arte de amar, sentimiento fabuloso. Depende del sentimiento en que sueles andar. A veces las letras salen de amor y felicidad. Y también a veces salen que lo quieres olvidar, que quieres darle de madres, que ya no quieres estar, que ya no soportas tenerlo, que lo mandas a volar, nombre y apellido.

Así que esto de las letras son nacidas, de por sí depende las figuraciones del disfrutar o sufrir. Lo importante es que lo sueltas, te sirve de desahogo, de amor, de dulzura. Y también de dolor y amargura.

El amor de mí

Que te quiero desde entonces, con tu ausencia y en mi presencia. Ya perdí la cuenta del tiempo transcurrido, pero eso no es lo que cuenta, si vives en mi corazón metido. Que has sido y serás el amor de mi vida, es común y regular que se va de estampida.

Igual, me quedaré contigo como he vivido hasta hoy; igual, llega alguien que me haga enamorar. Pero tú jamás te irás. Eres y serás por siempre ese amor que nunca se irá, pero físicamente ya no estarás.

Así es la vida, así es mi andar. Vivo el hoy. Mañana, Dios dirá.

Tú y yo

No me importa lo que piensen, ni tampoco el qué dirán, si tú y yo somos empáticos o vamos a fracasar.

Para mí lo importante es que te amo de verdad, lo que crean es lo menos, lo que vale es nuestro amar.

Este amor que por ti siento no lo sentí jamás, me traspasa a lo más bello; esta es mi realidad. Y lo voy a disfrutar con todo mi corazón, le apuesto a ganar, esa es mi condición.

Así es que aquí me tienes, sin límites, ni atadura. Voy y vienes en esta hermosa locura. Así que juntos cantemos letras de mi inspiración, salen con todo mi amor, lo escribió mi corazón.

No regreses

Quédate allá, donde estás. Aquí no hay nada para ti. Ya no regreses.

Fue muy tu decisión, querer no estar aquí; sufrí con creces.

Por un buen tiempo te rogué, te lloré, te supliqué que no te fueses.

Tú, en cambio, contestaste que no querías más de mí y te marchaste.

Hoy, después de un gran dolor, de angustia y desesperación, lo he superado.

Ve busca tu felicidad, tranquilo está mi corazón y el dolor he superado.

Hoy tengo una nueva ilusión; mi corazón esperanzado espera lograrlo.

Hoy voy en busca del amor, ese que me está esperando con tregua y sin dolor.

Y de pronto

Y de pronto, sin pensarlo, ni esperarlo, sin sentirlo, ni desearlo, sin quererlo, ni añorarlo. Se presentó como si no hubieran pasado los años, como si nos hubiéramos encontrado ayer.

Debo reconocer que fue extraño. ¿Qué quería? ¿Por qué me llegó? Después de tantos años, después que pasó el dolor. Cosas de la vida, sin esperarlas, sin desearlas, sin extrañarlas, pero de cuando en cuando recordarlas.

Y en ese momento, como olla de presión, brotaron los recuerdos y latió mi corazón. Y es que el gran amor, aunque se crea que es pasado y por tiempos ya olvidado, si vuelve a tocar las fibras del corazón resalta ese cosquilleo, ese temblor, esas ganas de regresar al primer amor.

Timbra la alarma. Es hora de levantarse, palpitando el alma, eso era de esperarse. No era realidad. Fue solo un sueño que me detuvo. El despertar es lindo, tener ensueños que nos den felicidad.

Corazonada

Tengo un sentimiento que me llegó de la nada y empezó mi cerebro a hilvanar mi pensamiento.

Y es que después de la tormenta se aparece la calma, quedando como estafeta un espacio que la paz aclama. Porque, si no llega nada, todo tiene su porqué. A veces nos comen las obligaciones, nos invade el ir y venir, las diarias ocupaciones, dejamos a un lado el sentir, nos aprisiona el desgano y entonces hacemos a un lado los detalles, las palabras cariñosas, el beso mañanero, el pasar el día sin prisas, sin estrés.

Y con un toque de diversión, de reír, de disfrutar, de regresar a aquella edad donde reinaba la paz y la felicidad, tengo una corazonada, la firme esperanza de que llegará la paz y la tranquilidad para darle entrada absoluta a la tan deseada felicidad y, con ella, la paz y la serenidad.

Es una corazonada y, como tal, me la quedo. Llegará como manada, con un himno de canto bello y un agradecimiento magnánimo.

Gracias a la vida que me ha dado tanto…

Índice

Made in the USA
Columbia, SC
29 September 2022

68184008R00069